London Kitchens

London Kitchens

ロンドンのキッチン

Jeu de Paume

イギリスのアーティストたちの作品を扱う
「ザ・コレクション」は、パリのマレ地区にあるショップ。
オーナーのアリソンとおしゃべりするうちに
ロンドンのアーティストに興味を持った
私たちは彼女と一緒にロンドンへ……。
フレッシュなアーティストの家をたずね
おいしい料理を作るためのアトリエ、
キッチンを見せてもらいました。

An Englishman's home is his castle.
「イギリス人にとって、家はお城のようなもの」
そんなことわざがあるほど、自分の家を大切にしながら
インテリアにこだわりを持っている、ロンドンの人たち。
100年以上経つという、歴史あるアパルトマンでも
家の中に一歩入ってみると、アーティストたちそれぞれの
個性にあふれた、楽しい空間が広がっていました。
その様子はまさに、"自分だけのお城"！

Home sweet home...
「やっぱり我が家がいちばん」そんなことばが思い浮かぶ
家への愛情と家族全員の思いが詰まった、しあわせの空間
ロンドンのアーティストたちのキッチンに、こんにちは！

ジュウ・ドゥ・ポゥム

Contents

6 Kathleen Hills & Eamonn O'Reilly
キャスリーン・ヒルズ&イーモン・オライリー designer & graphic designer

12 Julia Walsh & Jeremy Hayward
ジュリア・ウォルシュ&ジェレミー・ヘイワード TV editor & teacher

18 Justine Head ジャスティン・ヘッド fashion lecturer

22 Lisa Stickley リサ・スティックレイ textile designer

28 Anjeli Nair & Adam Placzek
アンジェリ・ナイール&アダム・プラチェク designers / Pure Chemistry

34 Georgia Vaux ジョージア・ヴォー designer / Lovely Lovely

40 Abigail Lane アビゲイル・レーン artist & designer

48 Ella Doran エラ・ドラン designer

52 Helen Johanessen ヘレン・ヨハンセン ceramist / Yoyo Ceramics

56 Freddie Robins & Ben Coode-Adams
フレディ・ロビンス&ベン・クード-アダムス artists

62 Daisy de Villeneuve デイジー・ドゥ・ヴィルヌーヴ illustrator

70 Susan & Steven Cropper
スーザン&スティーヴン・クロッパー owners of Loop

74 Fergus Henderson ファーガス・ヘンダーソン chef at St John Bread & Wine

78 Tracy Kendall トレイシー・ケンドール wallpaper designer

82 Thorsten Van Elten
トルステン・ヴァン・エルテン editor and distributor of design products

86 Jocelyn Warner & Simon Warner-Ball
ジョスリン・ワーナー&サイモン・ワーナー-ボール wallpaper designers

90 Ian Boddy イアン・ボディ photographer

94 Sam Robinson サム・ロビンソン owner of The Cross

100 Debra Frances Beane デブラ・フランシス・ビーン textile designer

104 Dan Black ダン・ブラック designer / Black + Blum

108 Louise Scott-Smith ルイーズ・スコット-スミス designer / Lovely Lovely

114 Daniella Budd & Damon Havlin
ダニエラ・バッド&デイモン・ハヴリン fashion designers / Miss Budd

122 London Guide ロンドンガイド

Kathleen Hills & Eamonn O'Reilly

キャスリーン・ヒルズ＆イーモン・オライリー　designer & graphic designer

毎日が楽しくなるキッチン

A kitchen to be enjoyed everyday of the week!

まるい木のテーブルで、みんなでこれから朝ごはん。
エッグスタンドに、ちょこんと腰かけるたまご。
イギリスの家庭に毎朝、配達されるガラスの牛乳瓶が
インスピレーションソースになった、二つ口のミルクピッチャー。
いつもの食卓に並ぶ陶器は、ママのキャスリーンの作品ばかり。
キッチンでは、キャスリーンがお料理をはじめたところ……
色とりどりの花たちが舞う、つややかな白いお皿の上に
盛りつけられる今朝のメニューはなぁに？

左上：黒いフラワーベースは、キャスリーンの好きなオランダのアーティスト、ヘラ・ヨンゲリウスがイケアとコラボレーションした作品。**右中：**玄関のドアを開けると時計たちがお出迎え。羽付きの針が時を刻む水色の時計は、クリス・コーエンの作品。

ふたりの好きな雑貨たちが、シンプルなキッチンのスパイス

ロンドン南東のチャールトンにある、ヴィクトリアン調の小さな家に暮らす、キャスリーンとイーモン、そして12歳になる息子のジョー。キャスリーンは「マルチデザイン」というオリジナルブランドで、セラミックを素材にテーブルウェアやフラワーベースなどをデザインしている。そしてイーモンはグラフィックデザイナーという、クリエーターカップル。

この家の中でふたりがいちばん気に入っているというキッチンは、引っ越してきたときに、はじめにリフォームに取りかかった場所。もともとあった間仕切りは、庭に面した窓から光がたっぷり入ってくるように外してしまった。ダイニングは自然なあたたかみのあるフローリング、キッチンは掃除のしやすいプラスチックと、床にはふたつの素材をバランスよく取り入れて。ガスレンジが置いている壁をペイントしたシックなプラム色がポイント。

イーモンはイッタラ社やアラビア社など、スカンジナビア・デザインのオブジェがお気に入り。イーモンのコレクションと一緒に、キャスリーンがチャリティショップなどで見つけた雑貨がバランスよくミックスされた、居心地のよいキッチン。

上：イーモンのお父さんのアコーディオン、ヘラ・ヨンゲリウスのフラワーベースなど、お気に入りのオブジェを並べて。中：ガラスの鳥のオブジェはイッタラ社のもの。イーモンがフィンランドに行ったときのおみやげ。右下：ガラスボールに入ったプッシュピンの中心に光が灯るランプは、キャスリーンの作品。

Julia Walsh & Jeremy Hayward

ジュリア・ウォルシュ＆ジェレミー・ヘイワード　TV editor & teacher

レトロモダンなモノクロ映画のキッチン
A kitchen from an old black and white movie

ブラックとホワイト、フラッグチェック柄の床に
大きなカウンターと、ほうろう引きのペンダントライト。
お食事は、キッチンのコーナーに置いた
50年代の小さなテーブルとイスで。
ジュリアとジェレミーが手に入れた
冷蔵庫がなかった時代のキッチン用シェルフから
インテリアのイメージが次々とふくらんで……。
モノクロ映画に出てくる、レトロモダンな世界
そんなあこがれがぎゅっと詰まった素敵なキッチン。

milk
eggs
butter
cheddar
pasta
toilet rolls
toothpaste

アンティークのコレクションも毎日の暮らしの中に

テレビ番組のプロデューサーをしているジュリアと、学校の先生をしているジェレミー、そして1歳と半年になる娘のエヴァ。3人が暮らしているのは、ロンドン南東部のペッカム。もともとワインショップだった建物は、通りのちょうど角にあって、人目をひく素敵な外観。家の中は、まるでモノクロ映画に出てくる世界のよう。ふたりとも30年代から50年代のオブジェに興味を持っていて、アンティークショップやのみの市で掘り出し物を探すのが大好き。まるでミュージアムのような空間だけれど、コレクションをディスプレイするだけではなく、普段使いにしているふたり。

キッチンのリフォームのアイデアは、あるひとつの家具を中心に広がっていった。それは冷蔵庫がなかった時代のキッチン用の収納棚。下の段には食べ物を新鮮に保つための氷を入れる引き出しがあって、中段にお肉やミルク、たまごを入れる棚がある。冷蔵庫やオーブン、洗濯機、食器洗い機などは、すべて木のカウンターの下におさめてすっきりと。カウンターの側面は黒板になっていて、お買い物リストをメモできるスペースに。ときには娘のエヴァも、チョークを片手に楽しそうにお絵描き。

左上：アンティークのキッチン用収納棚の横が、エヴァのお食事の指定席。
右中：ペールブルーがきれいな入れ子式のミキシングボウルと計量カップは、料理研究家のナイジェラ・ローソンとプロダクトデザイナーのセバスチャン・コンランのコラボレーション作品。

中：イングランド南西部の小さな町、デヴォンのアンティークショップで出会った、50年代のピクニックセット。小さなスーツケースに入った、お皿やカトラリーなどの小物もパーフェクトな状態で見つけたお気に入りの品。

左下：カウンターの上の棚は、もともと列車の座席の上の荷物置きだったもの。クリームイエローのほうろうのソースパンやメタルのランチボックスなどのアンティークをはじめ、いつも使う道具を吊り下げている。シンクの下の引き出しの扉は、ジュリアとジェレミーがグリーンにペイント。

Justine Head

ジャスティン・ヘッド　fashion lecturer

フェアリーケーキと一緒に、楽しいティータイム
A kitchen with elegance and humour

テーブルクロスは、あざやかなイエローのかぎ針編み
ふわっと広げたテーブルで、これから午後のティータイム。
イギリスのお茶の時間に欠かせない定番のお菓子が
カラフルなアイシングがかかった小さなカップケーキ、
その名もキュートな「フェアリーケーキ」。
ジャスティンのフェアリーケーキは、
フランボワーズのシロップを使ったアイシングに
淡いピンクのパールシュガーを散らして……
最後の仕上げは、メッセージ入りキャンディーをトッピング

LEO LEO LEO

お気に入りのコレクションを並べて、自分らしい空間に

ジャスティンの住まいは、ロンドンの南西、ブラックヒースにある広々としたお庭に囲まれた、大きな一軒家。部屋ごとに区切られた広い家の中は、アパルトマンになっていて、彼女は1階の庭に面した部屋で暮らしている。デザインやデジタルメディアを専門にするカレッジ、レイヴェンズボーンでテキスタイルについて教えているジャスティン。オリジナルのコレクションを発表するデザイナーとしても、動物のイラストをプリントしたTシャツやアクセサリーを手がけている。
ボーイフレンドと一緒に暮らすジャスティンにとって、キッチンは彼女がひとりで好きなようにデコレーションできる空間。彼女が手がけた作品のひとつ、フロッキー素材のお花のステッカーを貼って、給湯器もキュートに変身。そして窓辺には、コレクションしているトランプをラジエーターの上に並べたり、グラフィックが気に入っているベトナム製の砂糖入れのバッグをかけたり。キッチンクロスもヴィヴィッドなマルチストライプを選んで、インテリアのアクセントに。シンプルなキッチンも、お気に入りの小さなオブジェでアレンジして、お料理する空間も自分らしく。

左上：キッチンの向かい側の窓辺に置いた、ダイニングテーブル。ピンクのカバーリングのイスは、学校で処分されようとしていたものを、ジャスティンが引き取ってヴィンテージのテキスタイルに張り替えた。
下中：内側が赤いランプは、スピタルフィールズ・マーケットで見つけたニュージーランドのデザイナーのもの。

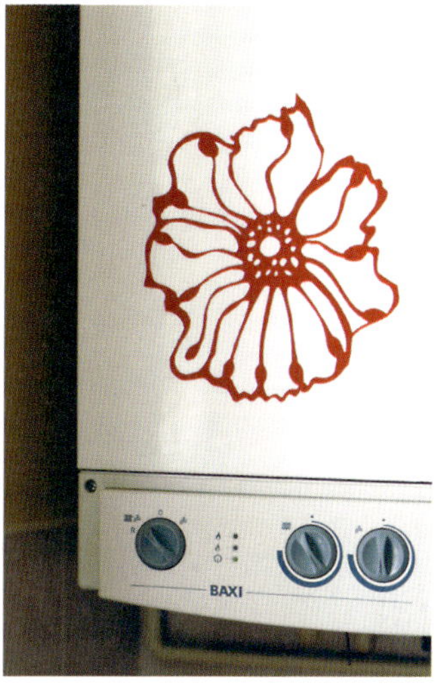

Lisa Stickley

リサ・スティックレイ　textile designer

あざやかなブルー、空の上のキッチン

A kitchen full of charm where the sky's the limit!

あざやかなブルーは、晴れ渡った空の色。
いつか飛行機の小さな窓から見た、
高い高い上空の澄みきったブルーのキッチンは
しとしと雨の日だって、太陽の日ざしと
そよ風を感じさせるような、気持ちのよい空間。
お仕事をしていた、ニューヨークから持ち帰った
ヴィンテージの可憐なお花模様のカーテンも
窓辺でひらひらと、風をはらんで、ふくらんで。
お花のシャワーが降り注ぐかのように……。

上：近所にあるオーガニックのベーカリーで見つけたりんごのお菓子はお気に入りのおやつ。中：両親の家の倉庫で眠っていた、フラワーモチーフのステッカーシートを使って、カスタマイズしたイス。左下：ボーイフレンドと出会って2回目のアニバーサリーの朝に飲んだ、シャンパンのボトルをキャンドルスタンドに。

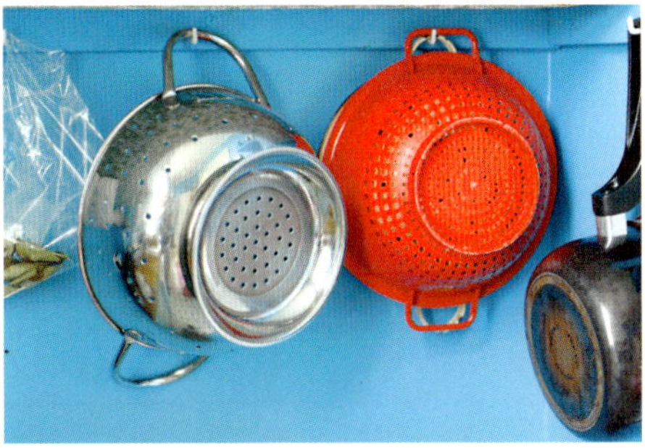

キッチンにちりばめられた、ボーイフレンドや家族との思い出

ロンドンの南西部、ブリックストンは外国からの移住者も多く、さまざまな文化がミックスした刺激的な町。ボーイフレンドと一緒に、この地区にあるアパルトマンに暮らしている、テキスタイルデザイナーのリサ。お部屋のベランダで育てている、香り豊かなハーブのお世話がふたりの楽しみ。

あざやかな水色にペイントされた彼女のキッチンは、コンパクトだけれど、とても印象的な空間。旅が好きなリサは、壁に、スピタルフィールズのストリートマーケットで見つけた世界地図をディスプレイ。その下にある50年代の赤いフォーマイカのキッチンテーブルが、いつもの食事の場所。

テーブルの上に広げた黒いクロスは、リサの作品のひとつで、チョークで描いたようなやわらかなラインでイラストと食べ物の名前がプリントされている。セント・マーティンズとロイヤル・カレッジ・オブ・アートで、テキスタイルデザインを学んだリサ。いまではテーブルクロスやティータオル、ベッドリネンなど、オリジナルのコレクションを発表している。手描きのやさしいタッチと、シンプルでいてフェミニンな雰囲気のデザインが人気。

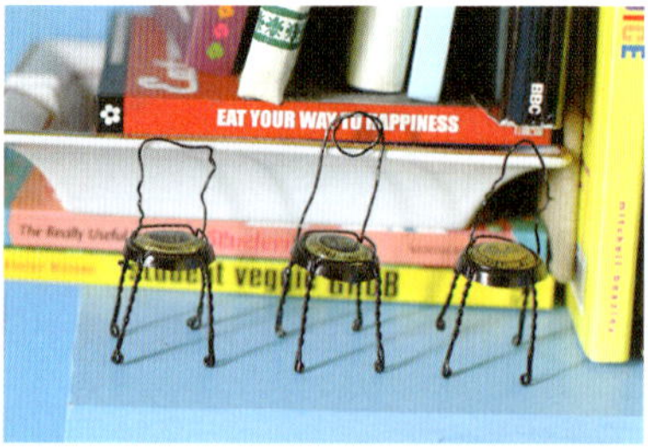

左上：ベビーピンクの飾り棚に並んだグラスは、自分の作品を発表した展覧会のときに訪れたミラノで見つけたもの。右上：キッチンの飾り棚には料理の本と一緒に、シャンパンのふたで作った、かわいらしいイスのオブジェが。右中：細いラインで描かれた蛍光ピンクのラインが入ったエプロンも、リサのコレクションのひとつ。

TWININGS
INFUSIONS
CRANBERRY
RASPBERRY &
ELDERFLOWER
FLAVOUR TEABAGS
20
FIOR
RISO
VIALONE NANO

Which? way to make soft furnishings

BUS

THE WORLD OF
INTERIORS

Anjeli Nair & Adam Placzek

アンジェリ・ナイール＆アダム・プラチェク　designers / Pure Chemistry

愛のこもったアートが並ぶ、ふたりのためのギャラリー
A fresh and cheerful kitchen with a gallery ambiance

まっ白なダイニングの壁にかけられた
たくさんの白いフレームたち。
これはすべて、アンジェリとアダム
ふたりのウェディングのお祝いメッセージ。
家族や友だちに、1枚ずつフレームを渡して、
それぞれ思い思いに作ってもらった作品は
みんなのユニークな感性と愛を感じる
素敵なアートプロジェクト。
ここは愛に包まれたふたりのためのギャラリー。

右中：ロマンティックなモーヴ色のほうろう鍋は、シャルロット・ストリートにあるお店で見つけたもの。
中下：日本のコンテンポラリーアーティスト、奈良美智の作品「リトル・ワンダラー」。夢見るような表情のフィギュアが、ゼンマイを巻くとさまようかのように動き出す仕掛け。

ピュアな白いキッチンを、ぴりりと引き締めるピンクのスパイス

セント・マーティンズ・カレッジ・オブ・アートで出会ったアンジェリとアダム。インテリアデザイナーとして、イギリスの国営放送BBCの番組に携わっていたアンジェリと、ウェブサイト用のアニメーションをデザインしていたアダム。いつか一緒にプロジェクトを実現したいという夢を叶えて、「ピュア・ケミストリー」というユニット名で、クリエーションを発表している。彼らが手がけるのは、旅や人物など、あるひとつのテーマをもとにシリーズで作るオブジェ。ダイニングに飾っている白いフレームにおさめられた作品は、「ふたりのウェディング」をテーマに仲間たちに作ってもらった、記念すべきふたりのプロジェクトのはじめの一歩。

生まれたばかりのフェニックス・アルジュナと3人で暮らすのは、ロンドン東部のスミスフィールド・マーケットと金融街の間にある、静かな界隈のアパルトマンの3階。開放的なキッチンは、まっ白なサロンにつながっている。引っ越してきたときにはもともとグリーンの壁だったけれど、ふたりはラズベリーピンクにペイントし、さらに最近白くしたばかり。シンガポールからやってきた、おまもりのピンクのマスクが3人を見守っている。

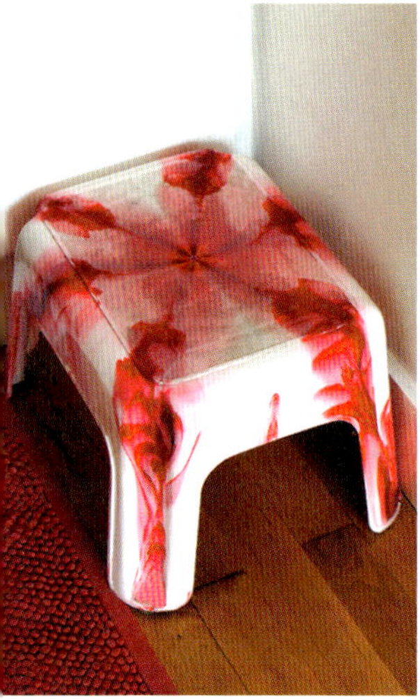

右上：花の形のキャンドルスタンドはシンガポールで見つけたもの。シルバーのキャンドルスタンドは、「ピュア・ケミストリー」をスタートさせるときに、アンジェリがそれまで仕事をしていた、BBCのコメディドラマ「アブソリュートリー・ファービュラス」の撮影スタッフから贈られたもの。下：アンジェリとアダムが結婚したときに贈られた、みんなからの愛のメッセージ。

左上：ハネムーンで出かけたニューヨークの思い出のポラロイドを、1枚のフレームにおさめて。右上：ラッピングでピンクと白のリボンを見つけると、結びつけていた扇風機。ファンをまわすと、リボンがひらひらときれい。左下：木製の牛のマスクは、百貨店のセルフリッジで見つけたインドのアーティストの作品。

Georgia Vaux

ジョージア・ヴォー　designer / Lovely Lovely

ピンクとレースとリボンも甘すぎないスタイルに

A stylish space where Lovely Lovely comes to life

ヴィクトリア女王時代のアパルトマンの中
レンガの壁に落ち着いたトーンのキッチン。
そのまん中には、ぱっと目をひくピンクのテーブル！
存在感たっぷりのキュートなテーブルクロスは
ちょっとキッチュなビニール素材。
色とりどりのリボンがプリントされたグラスや
お皿にプリントされた、レースの模様など
もともとフェミニンなモチーフもグラフィカルに
アレンジされて、甘すぎないデザインに。

LEO
Persil
Persil

左下：キッチンクロスも「ラブリーラブリー」の作品。ビッグベンが描かれた淡いグレーのクロスは、ロンドンをテーマにしたもの。この他にもパリ、ニューヨーク、東京と、ハネムーンに出かけた先のおみやげをイメージして、シリーズを展開。

クラシックな空間が、デコレーションで変身

ジョージアは、友だちのルイーズと一緒にスタートしたブランド「ラブリーラブリー」のデザイナー。「ラブリー・ホーム」をテーマに、60年代のスウィートなお家とかわいらしいハウスワイフをイメージした、ポップでキュートな作品を生み出している。
ジョージアは、夫と13歳になる娘のネル、10歳になる息子のマックの4人で、イースト・ロンドンの町、ハックニーに暮らしている。
ジョージアたち一家が暮らすのは、1870年に建てられたというアパルトマン。当時の雰囲気と魅力がそのまま残る貴重な建物として、歴史的建造物に指定されているので、キッチンのリフォームは、条件を守りながらすすめることに。赤いレンガ作りの壁をいかしながら、光を取り入れる窓を作った。そして、シックな空間に仕上げるためにフローリングの床は、ツヤのある黒にペイント。キッチンの収納はイケアで見つけたキャビネットに、金属と木製のボードの扉を交互に取り付けたもの。その上には、金属のレールの飾り棚を付けて、よく使う調理器具をかけておいたり、グラフィックが気に入った缶詰やパッケージを並べたりして、ディスプレイを楽しんでいる。

上：このキャビネットも、キッチンの収納と合わせてジョージアがカスタマイズしたもの。黄色いシェードのランプはアンティークショップで見つけたお気に入り。左中：古いレシピブックに載っていた、リボンを縁に通したプレートが、インスピレーション・ソースになって生まれたリボン付きのプレート。

左上：リボンがプリントされたグラスは「ラブリーラブリー」の作品。右上：「ラブリーラブリー」のお皿は、どこかなつかしい雰囲気だけれど、グラフィックなラインと甘すぎない色使いでモダンに。右中：マルグリット・パッテンによる50年代のレシピブック。古いレシピブックを集めているコレクターたちに人気の作家。

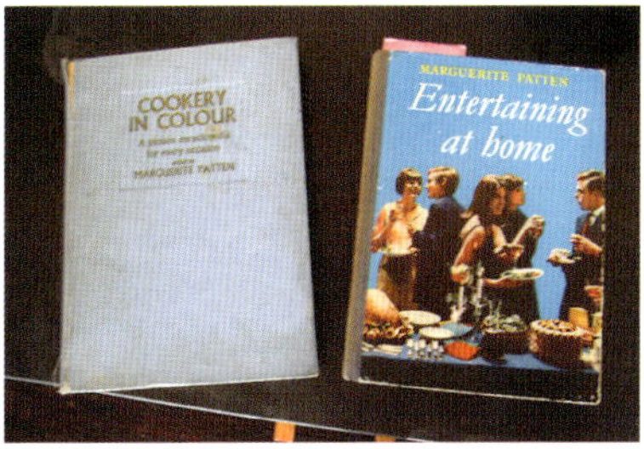

Abigail Lane

アビゲイル・レーン　artist & designer

ロフトいっぱいに広がる、アーティスティックな空気
An open living space where industry and the arts meet

ゆったりしたロフトは、気ままで自由な空間
ここで過ごす時間は、アートなハプニングでいっぱい
だから、おでかけよりも、ここに友だちを招きましょう。
アビゲイルの手がけた、小さなテーブルは、
のんびりと昼下がりに、コーヒーを楽しむ場所。
窓辺のローテーブルにキャンドルを灯して、アペリティフ。
それから、大きな木のテーブルで、
アビゲイルの作る、おいしいディナーを囲んで。
さぁ、2匹の猫たちも一緒に、パーティタイム。

上：アビゲイルと一緒に冷蔵庫をのぞき込むのは、食いしんぼうの猫のミニ。もう1匹の黒い猫は、オースティン。下段：「ショールーム・ダミーズ」で発表した作品たち。エレガントなフォルムのカップ＆ソーサーには、ロゴがグラフィカルにレイアウト。ハエやがいこつなどが、アビゲイルのモチーフ。

おいしい料理を作るキッチンが、この広いロフトの中心

アビゲイルは、ヤング・ブリティッシュ・アーティストと呼ばれる、1990年代ごろからコンテンポラリー・アートの世界で注目される世代のひとり。いまでは、ヴィヴィアン・ウエストウッドで働いていたブリジット・ステップティスと、プリントデザイナーのボブ・ペインと協力して、「ショールーム・ダミーズ」を立ち上げ、オリジナルの壁紙や洋服、雑貨などを発表している。

アビゲイルが暮らしているのは、イースト・ロンドンにあるハックニー・ウィック。このあたりは、もともと工場が立ち並ぶ地域で大きな建物が多いので、アーティストたちにとって、アトリエ兼住まいとして暮らしやすい町。彼女が住む部屋は、バーバリーがコレクションをストックしていた倉庫の最上階。広々とした空間を、他のアーティストたちとシェアしている。「キッチンはわたしの心よ」というお料理好きなアビゲイルにとって、部屋の中心は自分で作り上げたキッチン。ブルーグレーにペイントした壁には、大きめの白いタイルをアクセントに、収納はもともと置かれていた金属の工業用家具をリサイクル。大きなテーブルは、友だちを招待するディナーで大活躍。

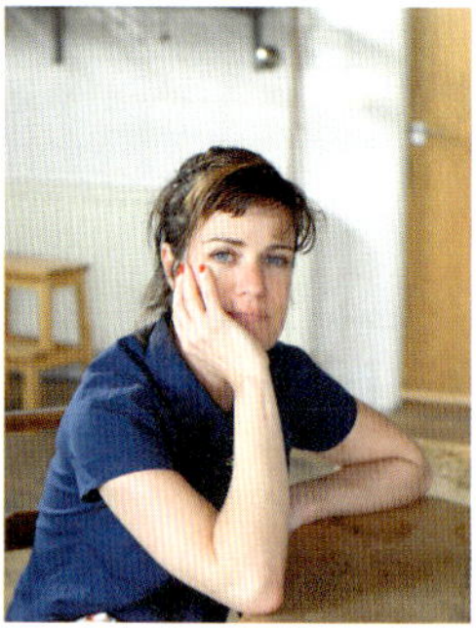

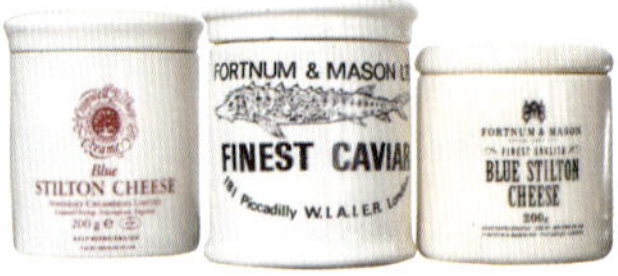

中：開放的なキッチンには、何人もの友だちを集めることができそう。窓の近くの壁を飾る、迫力ある大きな熊を描いた作品は「私の神」というタイトル。
中下：アビゲイルの友だち、ヴァネッサがデザインしたエリザベス女王のコラージュ・エプロン。

左上：インドで見つけたブルーの水切りかご。アビゲイルのキッチンには、他にもニューヨークやパリ、さまざまな国からやってきた調理器具がミックスされている。下段：ハエをモチーフにした作品。小さなハエが作品の中では大きくなって、現実離れした存在になるのがおもしろいというアビゲイル。

Ella Doran

エラ・ドラン　designer

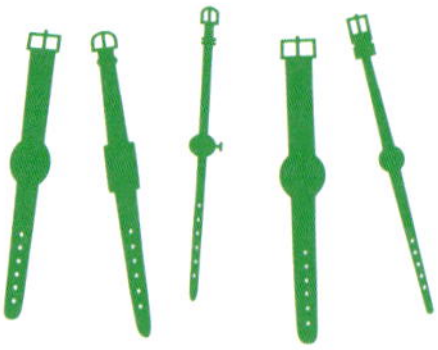

カラフルで元気いっぱいのキッチン

A converted school makes for a fun family living space

オレンジや赤、水色にイエロー、グリーン
さまざまな色にあふれた、とってもカラフルなキッチン
ダイニングテーブルをいろどるモザイクタイル
木のフレームに並んだ、
インド生まれのキッチュな腕時計のおもちゃ
ステンドグラスのように、窓辺にも
プラスチック・シートを貼って。
いろんな色たちが少しずつ集まってきた
キッチンからは、たっぷり元気をもらえそう。

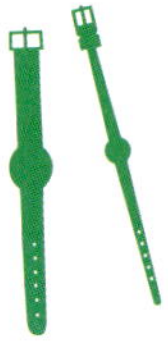

左上：エラが料理の参考にしているという本「ビッグ・フレーバーズ＆ラフ・エッジズ」。右上：テーブルのタイルモザイクは、クリエーター仲間のシャルロット・デイが手がけたもの。左下：フィンランドのデザイナー、アアルトがイッタラ社から発表したフラワーベースをフルーツボウル代わりに。右下：シンクの前の壁面には、ポール・スミスともコラボレーションしている、コンテンポラリー・アーティストのロブ・ライアンのイラスト入りのタイルを貼ってアクセントに。

学校の教室だったキッチンは、広くて開放的

イースト・ロンドンにあるブロードウェイ・マーケットは、ロンドンの中でも古いストリートマーケットのひとつ。一時はさびしくなっていたけれど再開発されて、にぎわいを取り戻してきた。いまでは掘り出し物が見つかる小さなショップやおしゃれなカフェが立ち並ぶ、人気スポット。この町の雰囲気がすっかり気に入ったデザイナーのエラは、自分たちの住まいのすぐ近くにお店もオープンした。

エラと家族たちが暮らすのは、古い学校をリノベーションしたアパルトマン。天井が高く、窓が多いので光がたっぷりと入ってくる。学校だった当時のまま残されているお庭は、子どもたちものびのびと遊びまわれる特別なスペース。ロンドンの中心部ではなかなか味わえない、季節の楽しみにあふれている。

キッチンは壁沿いにL字型にレイアウトされて、とても使いやすそう。窓辺のロールカーテンやダイニングテーブルで使っているランチョンマットは、エラの作品。植物やおもちゃなど身の回りにあるオブジェを写真におさめて、ファブリックや食器などにプリント。グラフィカルでモダンな遊びごころあふれる作品を生み出している。

Helen Johanessen

ヘレン・ヨハンセン　ceramist / Yoyo Ceramics

キッチンは、お料理のためのアトリエ
A kitchen that provides a source of inspiration

プラスチックじゃないの？そう、たずねたくなる
ふた付きのボウルやボックスに、エッグスタンド。
フルーツ型のミニプレートも全部
ヘレンが手がける、セラミックの作品。
ピンクにミントグリーン、ペールブルーにオレンジ
セラミックのカラフルな色がちりばめられた
コンパクトなキッチンは、料理のための実験室。
ヘレンにとっては、陶芸のアトリエのように、
次々とわきあがるアイデアを形にする場所。

POP CORN
CRISP HOT
POP CORN
ARSENIC

yoyo ceramics

左上：50年代にエニッド・シニーがデザインした、リッジウェイ社の「ホームメーカー」は、当時のデザイン家具が描かれた食器シリーズ。ヘレンはそのオマージュとして、現代のデザイン家具のイラストを描いた作品を発表した。中：ヘレンの作品は、ストッカーとして使いながら、そのままテーブルに出しても素敵。

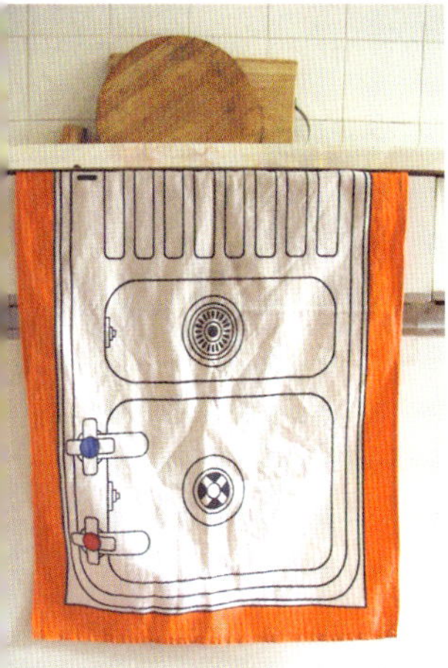

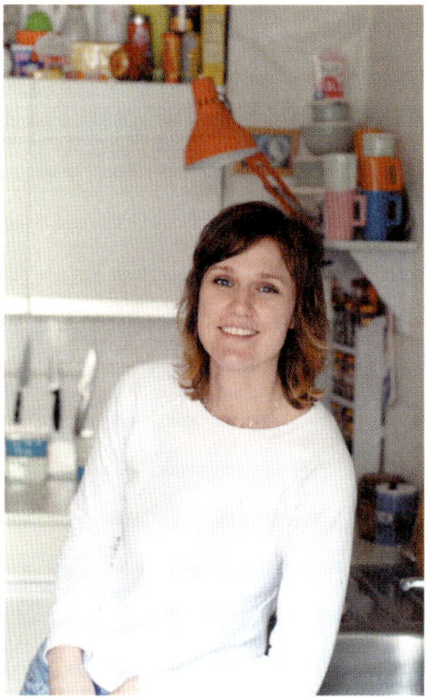

ペールトーンの色がちりばめられた、かわいいキッチン

ヘレンは、「ヨーヨー・セラミックス」という陶器ブランドのアーティスト。かわいらしい響きのブランド名は、彼女のニックネーム「ヨーヨー」から付けたのだそう。ロンドンで行われるインテリアイベント「100%デザイン」で、最初のコレクションを発表したヘレン。どの家庭にもあるプラスチックの密閉容器からインスピレーションを得た、陶器のふた付きのボウルとボックスは、その新鮮な発想で人気アイテムに。

ヘレンの住まいは、ロンドンの北東、ストーク・ニューイントンのアパルトマン。お庭に面した1階が彼女の部屋。このあたりではお庭は、通りかかった人たちも自由に使える憩いの場所。お庭の持ち主はベンチなどを置いて、気軽に楽しめるようにしているのだそう。ヘレンも、ブロカントで見つけた雑貨をディスプレイ。お天気の日には、このお庭に友だちを招いてインド料理のランチをすることも。料理が得意なヘレンのキッチンは、コンパクトだけれどもコンロも四つ口で、とても使いやすそう。もちろん「ヨーヨー・セラミックス」の作品が、ストッカーやディスプレイに使われている。

Freddie Robins & Ben Coode-Adams

フレディ・ロビンス＆ベン・クード-アダムス　artists

ユニークなコレクションがミックスしたミュージアム
Mysterious alchemy in an artist's kitchen

窓辺をにぎやかに飾る、70年代のイギリス各地の
キャンピング・クラブの三角の旗が連なったガーランド
子どものころ使っていた葉っぱモチーフのお皿。
そして、形も素材もさまざまな種類のナイフは
ベンがずっと集めている、旅のおみやげのひとつ。
お菓子をモチーフにしたプラスチックのおもちゃなど
フレディのかわいいコレクションたちも一緒に
ふたりの大好きが集まった、ミュージアム・キッチン。

LODDON D.A.
HOLIDAY MEET
KNITSON FARM
CORFE CASTLE
WEST MIDS D.A.
Holiday Meet
Dorset D.A.
SUMMER HOLIDAY MEET
LODDON·DA
AD

ふたりのアーティストが作り出す、魔法の空間

ニットを素材に世界にひとつしかないオブジェを作るアーティスト、そしてキュレーターとしても活躍しているフレディ。そして、プライベートな注文や公共施設のために作品を発表している彫刻家のベン。ふたりのアーティストの住まいは、ロンドン北部のハイベリーとストーク・ニューイントンの間にある。おしゃまでかわいい娘のウィラと、猫のミシー・ミッテンとコロネル・キッパー、3人と2匹で大きな家に暮らしている。
家を探すときに、ふたりにとって重要だったのは、キッチンの広さ。友だちを招いて、たくさんの料理を作るのが趣味というベンと、食べることが大好きなフレディにとって、キッチンは家の中でいちばん長い時間を過ごす場所だから。もともと家具などが取り付けられていた機能的でモダンなキッチンを、ふたりは自分たちの味付けで楽しい空間にしようとリフォーム。シンクまわりのカウンターは、嵐で倒れてしまったコナラの木材を使った、ベンのハンドメイド。両親から譲ってもらった大きなテーブルと木のイスには、移動しやすいように自分たちでローラーを取り付けた。コレクションするのが大好きというふたりのキッチンは、まるでミュージアムのよう。

左上：持ち手のついた小さなガラスのショーケースは、メキシコから持ち帰ったもの。その中には、毛糸で作られたタルトやクッキー、プラスチックのハンバーガーやケーキなどいろいろなものがぎっしり。右上：ベンがのみの市や旅先で見つけると買い集めてきたナイフ。普段はメタルの刃のものしか使わず、アンティークのものは大切に手入れしたり眺めたりして楽しんでいる。

GENUINE CHOCOLATE FLAVOR
HERSHEY'S SYRUP
TEA

Daisy de Villeneuve

デイジー・ドゥ・ヴィルヌーヴ　illustrator

キャンバスのように自由なキッチン
The urban chic of an artist's studio

アトリエのまん中にある、小さなダイニングテーブル
まだつぼみのパープルカラーのチューリップが
クリームイエローのクロスによく映える。
ゴールドと水色のケーキプレートには
カラフルなアイシングクッキーやキャラメル味のウエハース。
シンクの上には、ノスタルジックな石けんの広告看板
着せ替えマグネットやイギリス王室グッズのコレクション。
個性的なオブジェたちの自由な色合わせ
キッチンにまで広がる、デイジーのイラストの世界

keeps active hands
attractive hands!
It is dull
DAISY
ART
It's a Dazey
ONE-for-ALL

ロックなスピリットを感じるイラスト・ワールド

ロンドンの南西部にあるバタシーは、アーティストたちに人気の地区。以前からイタリアやフランス、スペインなどから移住してきた人たちがたくさん集まる場所で、開放的で明るい雰囲気。このバタシーにあるアパルトマンが、デイジーのアトリエ兼住まい。初夏には花いっぱいになる庭に面した、光がたっぷり差し込む部屋。もともと画家のアトリエだった空間を、デイジーは自分でリフォーム。

ニューヨークとパリでモードを学びながら、フォトグラファーの世界にもチャレンジしたアクティブなデイジー。モードスクールの卒業展で発表した、イラスト入りの日記帳が出版社の目にとまり、すぐに2冊の本を出版することに。いまではバッグやランジェリーなどのグッズを展開する人気のイラストレーター。アトリエのまん中に位置するキッチンにも、マグカップやキャリーケースなど彼女の作品がちらほら。テーブルの上のティーポットやお皿、壁にかけた「ファイヤー」のアルファベットなどノスタルジックなオブジェは、デイジーのお母さんがロンドンの南東にあるケントののみの市で見つけてくれたもの。キッチン全体が彼女の描く作品のよう。

左上：テキスタイルなどを中心に展開するインテリア雑貨ショップ「デザイナーズ・ギルド」のプレート。
中上：デイジーのイラストを使った商品のひとつ、アイロン台とキャリーケース。右上：キングスロードにあるチョコレートショップ「ロココ」で見つけた花の形のお菓子。

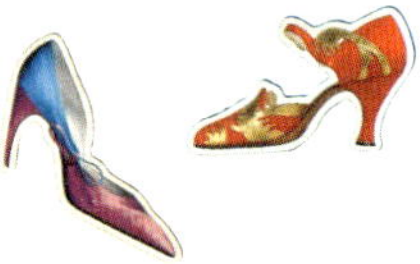

左上：デイジーが書きためていた日記をもとにまとめた2冊の本。左中：天井に近い位置にあるくぼみに並べているのは、「ザ・コンランショップ」で見つけたマグカップ。モダンなペーパーバックの表紙デザインを生み出したイギリスの出版社ペンギンブックスがモチーフになっている。

左上：キッチンカウンター下の小さな棚には、デイジーがコレクションしているイギリス王室グッズなどをディスプレイ。右上に置いたボウルは、エリザベス女王のおばあさまの肖像が描かれたアンティークのもの。
右下：音楽を聞いたり、おしゃれな女の子たちにインスピレーションを受けるという、デイジーが資料にしているモード写真集。

keeps active hands
attractive hands!
it is dull
FAIRY
DAISY
ART
Dazey
OXO

FIRE

Susan & Steven Cropper

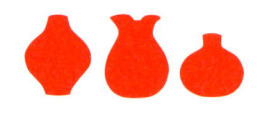

スーザン＆スティーヴン・クロッパー　owners of Loop

いきいきとした緑に包まれた、あたたかいキッチン
A refined kitchen, full of warmth

お日さまの光で、植物たちもいきいき
お庭のフレッシュな緑とお部屋の白さ、
そのコントラストはまぶしいほど。
イタリア料理が得意なママのスーザン、そして
子どもたちはティータイムのお菓子作りが上手。
最近は、ママよりも先に、パパのスティーヴンが
オーブンの前に立っていることも……
お料理好きなファミリーのあたたかいキッチン

右中：やわらかそうなポンポンに包まれたティーポットカバーは、イギリス人の若いアーティスト、ドナ・ウィルソンの作品。右下：キッチンの窓辺には、アッパー・ストリートにあるインテリアショップ「アビゲイル・エイハーン」で見つけたガラスベース。そしてスーザンが大好きなメイプルシロップが入っていた家型ボトルにキャンドルをたてて。

家族のぬくもりを感じる、シンプルキッチン

ロンドンの北部は、緑が多くて静かな高級住宅街。野外フェスティバルなどのイベントで有名なフィンズベリー・パークや、草原が広がるハムステッド・ヒースなどにも近い、自然に囲まれた素敵な家に住んでいるスーザン。ニューヨーク育ちのスーザンにとって、こんな環境の中で暮らせるのは、いまでも夢のよう。もともとニューヨークで雑誌のアートディレクターとして活躍していた彼女がロンドンにやってきたのは、イギリス人の夫、スティーヴンに生まれ育った国に戻りたいという思いがあったから。ロンドンには大好きな編み物のお店がないことを残念に思ったスーザンは、色とりどりの毛糸や、若いアーティストによるニットの作品を集めた「ループ」というお店をオープン。
スーザンとスティーヴン、そして3人の子どもたちが暮らす家は、1910年代に建てられたもの。間仕切りを少なくして、シンプルなスタイルにリフォームした家の中で、スーザンがいちばん気に入っているのがキッチン。オーブンだけは贅沢をして、あとはシンプルにすっきりと。白とナチュラルな木目でまとめられたキッチンは居心地がよく、広々としているのでお料理するのも楽しい。

Fergus Henderson

ファーガス・ヘンダーソン　chef at St John Bread & Wine

シェフとその家族のためのおいしいキッチン
A family kitchen with a recipe for success!

パパのファーガスが、週末は家族のシェフ
お兄ちゃんのヘクターと、弟のオーウェン
いちばん下の女の子、フランシス。
3人の子どもたちが、見習いシェフ。
いつもはシェフのママのマルゴは、今日はお客さま。
今日のメニューは、素材を活かしたシンプルな
パパの得意料理、ソーセージにインゲン豆のソテー。
ナイフや火を使うのは、まだ早い見習いシェフたちは
おしゃべりしながら、インゲン豆の皮むき。

St. JOHN

左上：大きな棚にはたくさんの食器たち。ファーガスはシンプルな白いお皿と、シノワズリなデザインのものがお気に入り。**右中：**子どもたちの絵や詩を飾るコーナー。末っ子のフランシスは学校から帰ってくると、ダイニングで宿題やお絵描きしながら過ごすことが多い。

よろこびをみんなで味わう、週末のスペシャルレシピ

ファーガスは、伝統的なイギリス料理を現代風にアレンジした、モダン・ブリティッシュ料理を作るシェフ。彼のレストラン「セント・ジョン・ブレッド＆ワイン」は、手作りの雑貨やオーガニックフードなどが集まるマーケットで有名なスピタルフィールズにある人気店。イギリスでとれる旬の素材を使って、彼のレシピブック「ノーズ・トゥ・テイル・イーティング」のタイトルどおり、まさに鼻からしっぽまで料理してしまう！

ファーガスの住まいは、ロンドンの中心部でロイヤル・オペラハウスなどもある、コヴェントガーデン。大きなアパルトマンに、奥さんのマルゴと3人の子どもたちと暮らしている。マルゴもイースト・ロンドンのショーディッチにあるレストランのシェフだけれど、週末はファーガスが料理することが多い。アアルトがデザインした白いダイニングテーブルが家族の食卓。ツヤのある赤にペイントした棚が、食器や食品のストックペースとダイニングの間仕切りになっている。よく使うスパイスはカウンターの上のシルバーの飾り棚の上に。ふたりのシェフのキッチンらしく、さまざまな料理にチャレンジできるようお鍋も調理器具もたくさん。

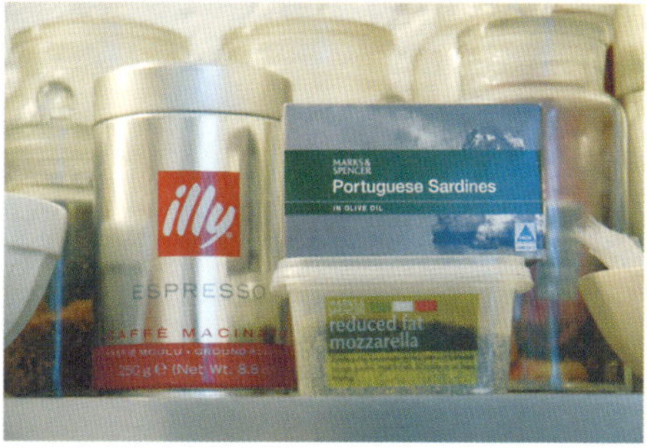

Tracy Kendall

トレイシー・ケンドール　wallpaper designer

猫たちも居心地のよい、家族のキッチン

A homely kitchen with a touch of bohemia

まっ黒な毛並みがビロードのようなポリーと、
胸と足のあたりが白くてチャーミングなフリッパー
いつも一緒の2匹の猫たちは、とても仲良し。
トレイシーがリフォームした
コンパクトなキッチンは猫たちの恰好の遊び場所。
ひらりと棚の上に飛び上がったり
イスの上にちょこんと座っていたり
エサをもらうのも、もちろんこのキッチンで。
そんな2匹をやさしく見守るトレイシー。

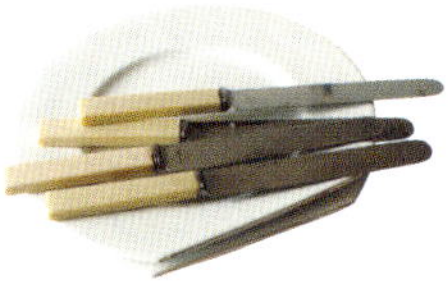

JAMIE OLIVER
CONRAN
Nigel Slater
JUSTONEPOT
ROME
Delia

右上：のみの市で見つけた、刺しゅう入りのナプキンは、テーブルクロスとお揃い。中：トレイシーがコレクションしているガラスのプレート。世界大戦の頃に人気のあったメッセージ入りのプレートは、王室の記念などによく作られた。中下：キッチンのドアにかけたエプロンは、トレイシーが繊維学を教えているロイヤル・カレッジ・オブ・アートの生徒の作品。

ピンクの大きなフォークがアクセントになったキッチン

いろいろな国からやってきた人たちが集まる、ロンドン南西部のストリーサム。この町に暮らすデザイナーのトレイシーは、週末自転車に乗って散策するのがお気に入り。この町に住む人々のルーツをたどって世界中の文化に出会うことができるし、ヴィクトリアン・スタイルにエドワード・スタイルなど、さまざまな年代の建築が混ざり合っているのも楽しい。
トレイシーのアパルトマンも、1890年に建てられたという古い建物。裏手には当時の様子を感じさせる馬小屋も残っていた。この部屋も引っ越してきたときには、暖房もない状態だったので、トレイシーは暮らしながら少しずつリフォーム。
のみの市で見つけた棚や譲ってもらった家具などを、うまく取り入れながら作っていったキッチン。家族で朝食をとるテーブルは、ずっと使い続けているもので、トレイシーのお気に入り。キッチンの中で、いちばん印象的なデコレーションは、白いフレームに入った大きなピンクのフォークがプリントされた壁紙。これは彼女の代表的な作品のひとつで、自分のキッチンに使いたい壁紙がなかなか見つからなかったことからデザインしたもの。

Thorsten Van Elten

トルステン・ヴァン・エルテン　editor and distributor of design products

アートとおもちゃ、そして色のハーモニー
Bringing well loved design into the kitchen

ぱきっと、いさぎのよいブルーの壁
あざやかな赤の冷蔵庫に
コンパクトなアンティークの白いオーブンと
イエローのキッチンカウンター
ヴィヴィッドな色たちがおりなすハーモニー。
イギリスの若いアーティストの作品と
イギリスやアメリカ、日本から来た
キャラクターのユーモラスなフィギュアたちが
このキッチンでは仲良しに。

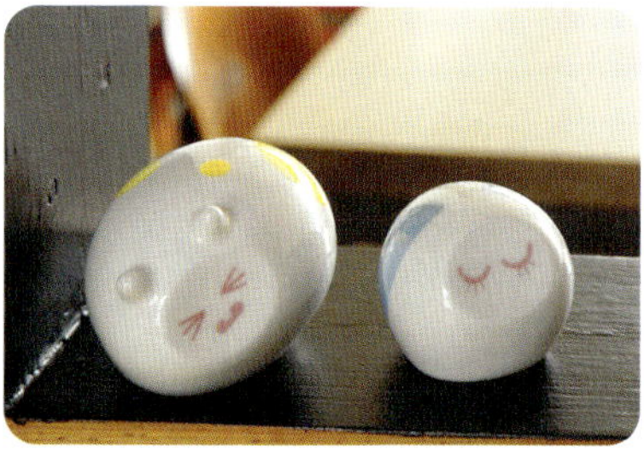

右上：飾り棚の上には、チョコレートやキャンディーのパッケージや、お菓子のおまけのフィギュアがいっぱい。シリアルのおまけだったフィギュアは自慢のコレクション。中には日本のキャラクターも。左下：アンティークのオーブンは、50年代のもの。ここに引っ越してきたときから付いていたキッチンの中でもお気に入りの家具。

中上：「トルステン・ヴァン・エルテン」のコレクションのひとつ「プラント・カップ」は、直径30センチ以上あるカップ＆ソーサー型のプランター。下：ドイツのデュッセルドルフで作られているクルミ割り人形や、繊細なゴールドのペイントが美しいローゼンタール社のフラワーベース、ミュンヘンのニュンフェンブルク社の磁器をディスプレイ。

自分が気に入ったものだけを集めたコレクションスペース

ロンドン市内の中でも大きな公園のひとつ、リージェント・パークは、夏には可憐な花たちが咲く庭園や、子どもたちに人気のロンドンズーなどがある憩いの場所。トルステンがデザイン・エディターとしてプロデュースしているショップ「トルステン・ヴァン・エルテン」は、公園近くのウォーレン・ストリートにある。ドイツ出身のトルステンは、ミラノで建築を学び、インテリアデザインに関する経験を積み、イギリスの若いアーティストたちの作品を集めたお店をオープンさせた。いまではたくさんのデザイナーのクリエーションを、自分のレーベルから、日本をはじめ世界中に紹介している。

トルステンが暮らすアパルトマンは、彼のショップのすぐ近く。自分が欲しいと思ったものだけを集めた部屋は、トルステンらしい世界。レンガの暖炉がある白いサロンの奥が、キッチンになっている。壁を濃いブルーに、床は白にペイントしたトルステン。最初はまっ白だった床は、時を経てペンキがはげ、味が出てきたところ。壁に取り付けられた3段の飾り棚はもともとあったもの。ここにトルステンはお気に入りの小さなオブジェをディスプレイ。

Jocelyn Warner & Simon Warner-Ball

ジョスリン・ワーナー＆サイモン・ワーナー-ボール　wallpaper designers

ファンタジックなピンクのカレイド・スコープ

Pretty in pink: a cheerful open living space

キッチンとダイニングの両端にある
お庭に面した、ふたつの大きな窓は
さわやかな風が吹き抜ける、風の通り道。
キッチンスペースは、白をベースに
ダイニングは、ジョスリンが新しく発表した
ピンクのきれいな壁紙「カレイド」が広がる。
まるでカレイド・スコープをのぞいたときのような
グラフィカルで、ファンタスティックな空間。

中：シンクのちょうど上に、水切り棚を取り付けた。木で作られているので、ナチュラルなあたたかみがある。中下：エキゾチックな食材屋さんで買い物をするのがジョスリンとサイモンのお気に入り。ジョスリンの得意料理、カレーのために、さまざまな種類のスパイスやハーブをストック。

生まれ変わったキッチンは、ピンクの壁紙が主役

キャンバーウェル・カレッジ・オブ・アートでテキスタイルについて学んだジョスリン。スタジオでテキスタイルデザイナーとして活躍した後、もう一度セント・マーティンズ・カレッジ・オブ・アートに戻り、テクニックを学んだ。いまでは夫のサイモンと一緒に、オリジナルの壁紙コレクションを展開している。彼女のコレクションは、自然がモチーフになっている。グラフィカルな模様とやわらかい色使いは、クラシカルな魅力を持っていて、ロンドンのインテリア専門のデパート、ヒールズや老舗の百貨店、リバティーなどでも扱われている。

ジョスリンとサイモン、そして息子のギルバート、3人の住まいは、ロンドン北部の緑豊かなリージェント・パークや、ロンドン市街がきれいに見える小高い丘のプリムローズ・ヒルのほど近く。彼女たちの家は、60年以上リフォームされていない状態だったので、建築家のロバート・ダイと一緒に、電気の配線からすべて見直すことに。キッチンとダイニングは1階にレイアウトし、庭に面した大きな窓を作った。すっかり明るくなったキッチンの壁には、旅の思い出のポストカードや家族のポートレートなどをピンナップ。

Ian Boddy

イアン・ボディ　photographer

ピュアな白が輝く、モダンでフォトジェニックなキッチン
A light and photogenic family kitchen

キラキラと太陽の光が輝くように
まっ白なキッチンは、ピュアでクリアな空間。
日ざしや灯りの下、くるくると表情が変わる。
パパとママがキッチンでお料理するあいだに
カウンターで、子どもたちはお絵描きしながら
今日のできごとを、にぎやかにおしゃべり。
広々としたモダンなキッチンに響く、みんなの笑い声
そして、明るい笑顔はいちばん素敵なデコレーション

左上：ヒュー・フィアンリー・ウィティングストールの「ザ・リバー・コテージ・クックブック」は、イアンのお気に入りのレシピブック。右上：のみの市で形の美しさにひとめぼれした、19世紀のアンティークのピッチャー。右ページ左：友だちをおもてなしするときは、庭が見える最上階のダイニングへ。クラシックな天井装飾の中央に、70年代のペンダントライトを下げて。リフォーム工事で壁を壊したときに見つかった、あたたかい暖炉が部屋の中心。

まっ白な清潔感あふれる、明るいキッチン

イアンと奥さんのジュリアは、子どもが生まれるのをきっかけに、ロンドンの南東部にあるイースト・ダルウィッチへお引っ越し。この地区のメインストリート、ロードシップ・レーンはレストランやパブ、アンティークショップにベーカリーなど、昔から変わらないなじみの店が並んでいて、近くには公園もたくさんある。ふたりはこのあたりの田舎のように、のんびりした雰囲気がたちまち気に入ってしまった。
イアンたち家族が暮らす家は、すでに120歳を迎えている、古い4階建ての建物。リフォームの工事が始まる前に引っ越してきたイアンたちは1年間、作業場の中で暮らしていたのだそう。いまではすっかり見違えたこの家は、子どもの写真を専門にしているイアンが、撮影をするスタジオとしても活躍している。家の地下にあるキッチンは、白く輝くスペース。まっ白な収納には、クリアなドアノブを付けた。シンプルで静かな印象のキッチンに、あたたかみを添えるのは、がっしりとした木のカウンターと子どもたちのポートレート。そして、のみの市で見つけた30年代のミニバー・セットがイアンのお気に入り。

Sam Robinson

サム・ロビンソン　owner of The Cross

お絵描き大好きな子どもたちのギャラリースペース

A joyful kitchen, full of poetry

お絵描きしたり、工作したりするのが大好きな
5歳のジャックと、3歳のオットー。
ダイニングの窓辺には、
大きなお絵描きボードと絵の具セット。
パパとママがお料理している間は
まっ白に生まれ変わったダイニングキッチンが
ふたりの男の子のためのプレイルーム。
ダイニングの壁は、いつのまにか
子どもたちの作品が並ぶギャラリースペースに。

otto

上：お料理するときにも、目の前にお庭が広がる眺めのいいキッチン。**下段：**商品のセレクトのために、フランスへ行くことが多いサム。のみの市などで見つけたアンティークのキッチングッズが並ぶ。ハンドペイントの花模様はとてもロマンティック。

ポエティックな雑貨たちのおしゃべりが聞こえてきそう

サムは、友だちのサラと一緒にオープンしたセレクトショップ「ザ・クロス」のディレクター。ふたりのショップは、映画「ノッティングヒルの恋人」ですっかり有名になったノッティング・ヒルにある。シンプルでミニマムなスタイルが注目されていたころに、サムとサラはイマジネーションを刺激する、さわやかでポエティックなアイテムをセレクト。洋服やアクセサリーから、インテリアのアクセントになるエスニックなアジアやアフリカのオブジェまで揃っている。サムの住まいは、ロンドンでもいちばん大きなマーケットと言われるポートベローマーケットに近い、ラッドブローク・グローブにある。ご主人、そして息子のジャックとオットーの4人家族。クラシカルで暗い雰囲気だった室内を、サムたちは徹底的にリフォーム。特にキッチンは見違えるように変身した。もともとマロン・ブラウンのタイル張りだった壁を、まっ白にペイント。間仕切りをなくしたキッチンは、ダイニングとサロンまで続く、広々とした空間。存在感のある家具はナチュラルでカントリー風のものを選び、アクセントにお店でも扱っているオブジェを並べた。

右上：きれいなグリーンのイスの上に、ちょこんと座っているお人形は、「ザ・クロス」の通りをはさんで向かい側にオープンした子どものためのセレクトショップ「クロス・ザ・ロード」で扱っているもの。右ページ上：キッチン・カウンターの上に置いた水槽の中で、金魚たちが気持ちよさそうに泳いでる。「ノー・フィッシング」というメッセージ入りのワニのオブジェがユーモラス。

126

LOVE

Debra Frances Beane

デブラ・フランシス・ビーン　textile designer

チューリップと光が降り注ぐダイニングキッチン
A kitchen in the heart of a design studio

お日さまの光が降り注ぐ天窓の上から
ダイニングキッチンをおおいつくすように
のびのびと枝をはわせた
デブラのハンドメイド・シャンデリア。
枝には、小さなランプの実がなって……
12月には、クリスマスツリーの代わりに
オーナメントを吊り下げていたけれど
いまはチューリップを咲かせて、春の気分に変身。
ダイナミックな灯りが、このキッチンの主役。

お昼はアトリエ、夜はロマンティックなディナーのテーブル

ロンドンの中心から地下鉄で20分ほどの距離にあるハムステッドは、美しくて静かな住宅街。高台には緑の草原が広がる気持ちのよい公園、ハムステッド・ヒースもある。この町にある1850年代に建てられた家を、アトリエ兼住まいにしているデブラ。この家は、戦前にイギリスへ亡命してきたアーティストたちをサポートしていたオフィスだったところで、すぐ隣には、写真家のリー・ミラーも住んでいた。当時、この界隈にはたくさんのアーティストたちが集まっていたので、いまでもアーティスティックな雰囲気が残っている。

デブラが暮らす家は、天井が高く、天窓からはたっぷりの光が差し込んでくる。この開放的なダイニングキッチンは、日中はテキスタイル・デザイナーとして活躍するデブラと、たくさんのアシスタントたちが集まるアトリエでもある。壁の棚に並んだハンドバッグのパターンのイラストは、彼女のコレクションで発表した最初のプリントモチーフ。昼間のキッチンでは、スタッフみんなが交代でランチを準備。夜には、デブラが得意なクスクスやタジン料理などエスニックな料理を、ご主人と一緒に作るスペースに。

左上：テキスタイルのコレクションにもインスピレーションを与えた、学生時代に作ったアクリル樹脂のハンドバッグのオブジェは、このアトリエのシンボル。右上：白い陶器にゴールドのペイントが入った、不思議な形のマグカップは、イズリントンの小さなアンティークショップで見つけたもの。

Dan Black

ダン・ブラック　designer / Black + Blum

ミニマムなインテリアは、まさに男の子のためのキッチン
A masculine kitchen, functional and well designed

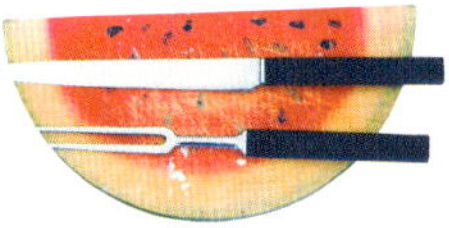

シンプルにデザインされて、機能的な
キッチンは、男の子らしい魅力的なスペース。
ちりばめられた家族からのプレゼントが
あたたかみをそえてくれる。
テーブルの上には、おばあちゃんから譲り受けた
ころんとしたフォルムの白いティーポット。
そして窓辺には、ダンが子どものころ
両親からもらった、兵隊さんと機関車の貯金箱……
そんなストーリーのある小物に囲まれたキッチン。

中：ダンの得意料理は、イギリスの伝統的な料理のフィッシュ・パイやお肉のロースト。さまざまな種類のオイルやスパイスを揃えている。**下段：**「ブラック+ブルム」のコレクションたち。左からキーホルダーで栓抜きにもなる「ジミー」、扇風機の「ヴェンティ」、そしてテーブルランプの「リーディング・ライト」。

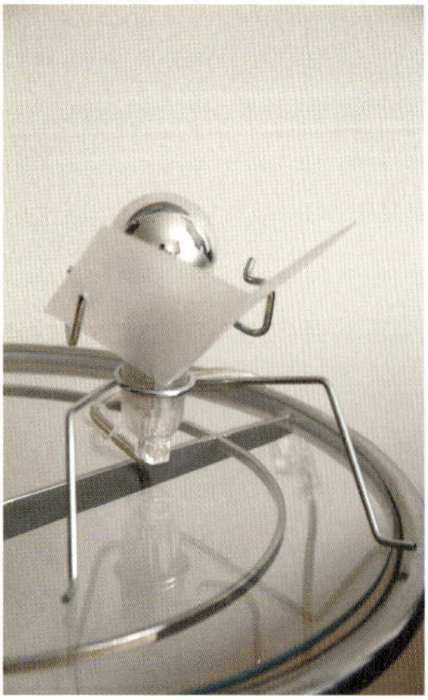

美しいデザインと機能性、そして少しのユーモアと

ダンは、イングランド北部にあるノーサンブリア大学のデザイン科で学んでいたときに出会ったマーティンと一緒に、「ブラック＋ブルム」というブランドを立ち上げたデザイナー。「ジェームズ・ザ・ドアマン」という人型のドアストッパーや、「ビッグバン」という爆発したようなシルエットのランプシェードなど、機能的だけれどストーリーのあるデザイン性を持った、インテリア・オブジェを生み出している。彼らのアトリエ兼ショップは、アーティストたちのアトリエが多い、テムズ川近くのOXOタワーの中。

ダンの住まいは、ヴィクトリア＆アルバート美術館、科学博物館や自然史博物館など歴史あるミュージアムがあるサウス・ケンジントン。大使館やフランス人学校があって、フランス人がたくさん集まる、この界隈は「リトル・フランス」とも呼ばれている。ダンは石畳沿いに建つメゾネットで、3人の兄弟と住んでいる。リフォームはもちろん、自分で手がけた。キッチンは「イケア」で見つけたシンプルな家具でまとめ、カウンターの天板はナチュラルな木材で仕上げ、壁面を白いタイルでおおって高級感のある雰囲気に。

Louise Scott-Smith

ルイーズ・スコット-スミス　designer / Lovely Lovely

ハンドメイドで生まれたラブリーなキッチン

A style that finds poetry in everyday objects

ルイーズとデイヴがふたりで手がけた
ハンドメイドのキッチン。
ドアノブから金具まで、細かなパーツも
気に入るものが見つかるまで、探し続けて。
キッチンカウンターやテーブル、収納は
前の家で使っていた家具やドアを
デイヴがリメイクして作ったものばかり。
ピンクとミントグリーンをアクセントに加えて
やさしくて、さわやかな、ラブリー・キッチン

少しずつ手作りして生まれた、パッチワーク・キッチン

ルイーズは友だちのジョージアと一緒に、「ラブリーラブリー」として活躍するデザイナー。「エミリオ・プッチ」でデザインをしていたルイーズは、家族と過ごす時間を大切にしたいという思いから、グラフィックデザイナーで、ママでもあるジョージアとユニットを組むことに。ブランド名の由来は、ルイーズの夫のデイヴが、コレクションのサンプルが届いたときに、包みを開けて思わず「ラブリー・ラブリー！」と叫んだことから。
大きなストリートマーケットで有名なロンドン北部の町、カムデンにルイーズとデイヴ、そしてふたりの子どもたちボビーとミニーの住まいはある。彼女たちが暮らすアパルトマンは、ローマやギリシャの神殿をベースに左右対称に作られたジョージ王朝時代の建物。キッチンのリフォームで、中心になったのはデイヴ。収納やキッチンカウンターは、パッチワークのようにいろいろな素材を組み合わせ、リサイクルしながら作ったハンドメイドのものばかり。いちばん大切にしたのは、カラーリング。夢のある空間に仕上げるために、床近くの壁や窓枠にはミントグリーンを使い、給湯器や棚はベビーピンクにペイントしてアクセントに。

左上：白い花が封じ込められたガラスのドアノブ。気に入ったパーツを見つけると、少しずつ変えていったドアノブは、ドアそれぞれに違うものが使われている。中上：キッチンのコーナーに取り付けた、小さな木の棚は救急箱。右上：「ラブリーラブリー」のポエティックなプリント・グラスは、さりげなく花を飾りたいキッチンテーブルにぴったり。

上：ルイーズのマグカップ・コレクションたち。「ラブリーラブリー」の作品をはじめ、アラビア社のムーミンのカップや、イタリアやフランスからのおみやげなどが一緒に並んで。左下：CDプレーヤーの上のイラストは、日本のアニメが大好きな娘のミニーが描いたもの。右ページ：天井に取り付けた洗濯物を干すバーは、手作りキッチンならではの工夫。

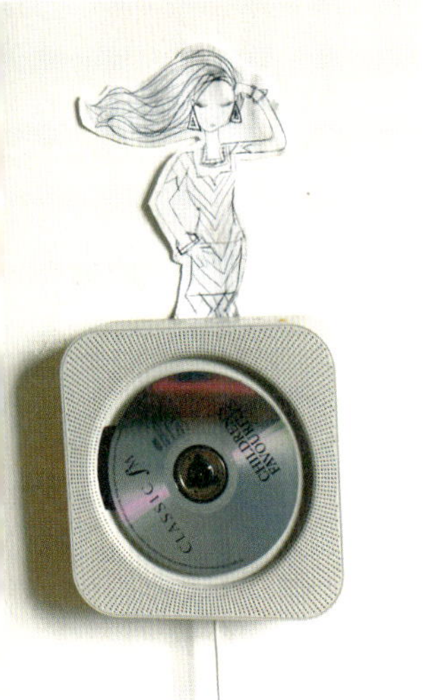

Daniella Budd & Damon Havlin

ダニエラ・バッド＆デイモン・ハヴリン　fashion designers / Miss Budd

楽しいコレクションたちが集まる水色の宝箱
A pandora's box full of treasures

オフホワイトと水色にペイントしたキッチンの中は
ダニエラとデイモンのミュージアム！
茶色いボトルに黄色のふた、イギリスの隠れた名物
マーマイトのノベルティグッズや
ホームプライドのキャラクター、フレッドくん。
イングランド南西部のコーンウォール地方で作られる
海をイメージしたブルーのストライプとドットの食器たち。
好きなものをコレクションしていく
その楽しさがキッチンいっぱいに広がっている。

MARMITE
THE GROWING UP SPREAD
MONDAY
TUESDAY
WEDNESDAY
THURSDAY
FRIDAY
SATURDAY
SUNDAY

左中：デイモンのお母さんから借りた「ワールドワイド・クックブック」をすっかり気に入ったダニエラは、そのまま譲り受けることに。右中：水色のランプシェードは、カルテル社の「アイコン」。左下：いちごの形がキュートなやかんは、ダニエラのパパからのプレゼント。中下：大きなマーマイトのボトルはキャンペーン用で、イズリントンにあるヴィンテージショップ「プラネット・バザール」で見つけた。右下：女の子のスカートがスライサーになっている、チーズおろし器は、デイモンの両親からのクリスマスプレゼント。

オフホワイトと水色のキッチンに広がる、山の景色

子どものころから、絵を描くのが大好きだったというダニエラ。旅やのみの市からインスピレーションを受けるという彼女は、ピンナップ・ガールや、ドレスにハイヒールといった女の子らしいモチーフのテキスタイルで、ハンドバッグやパースなどを仕立てて発表している。いまでは夫のデイモンが、仕事の上でもパートナー。ふたりの住まいは、ロンドン南東部にあるブリクストン。さまざまな国からやってきた人々が集まるエキゾチックで、文化がミックスした町。デイモンがもともとひとり暮らししていた家に、ダニエラが引っ越してきて、いまは赤ちゃんのジョーも加わって3人暮らし。お料理が好きなダニエラにとって、キッチンがいちばん居心地のいい場所。壁面に広がる、スピタルフィールズのマーケットで見つけたポスターに描かれた山の景色は、まるで窓の外の眺めのよう。ころんとしたフォルムがかわいらしい「スメグ」のまっ赤な冷蔵庫は、ダニエラからのリクエストで手に入れたもの。キッチンにはかわいらしいオブジェがいっぱい！ダニエラの好きな50年代と、デイモンのコレクションする70年代のものが混ざり合って、ふたりのキッチンができあがった。

Revelation
Homepride
SMEG
Icing sugar
Icing sugar

DRINK
Coca-Cola
SOLD HERE
Icing sugar
Brown soft sugar
Caster sugar
SUPER DISCOUNT
SUPER DISCOUNT
BABYCHAM
Cheese
biscui

左上：フラメンコのドレスのようなエプロンは、ヴァカンスにでかけたスペインのおみやげ。右上：マーマイトをモチーフにしたイラストは、ダニエラが描いたもの。「好き？それとも嫌い？」このメッセージは、マーマイトのCMで使われているキャッチフレーズ。下：イギリスの小麦粉メーカー、ホームプライド社のキャラクター、フレッドくんグッズがずらり。

左上：フレッドくんのミニパースの横に並べた、ピンクのショーツが並ぶプリントのポーチは、「ミス・バッド」のコレクションのひとつ。右上：70年代のフラワーモチーフのキャニスターは、フランス生まれ。カムデン・マーケットで見つけたもの。中下：デイモンは、キッチュなデザインのお菓子のパッケージのファン。おもちゃのカートの中には、日本をはじめ旅先で見つけたお菓子がたくさん。

London Guide

ロンドンガイド

ミュージアムや緑いっぱいの公園、アフタヌーン・ティーにショッピング……ロンドンは行ってみたいところや楽しみたいことがたくさん！そんな刺激的な街のおすすめスポットを、この本に協力してくれたアーティストのみなさんに教えてもらいました。ここでは素敵なキッチングッズが見つかるインテリアショップやおいしいレストランなど、フードにまつわるお店を紹介します。

Shop

Flying Duck Enterprises ① ②

320-322 Creek Road, London, SE10
tel : 020 8858 1964

イエローとブラックのファサード、そしてショーウィンドウのにぎやかなディスプレイが目をひく「フライング・ダック・エンタープライジズ」は、50年代から70年代までのキッチュな雑貨が集まるヴィンテージショップ。イギリスの食品メーカーのノベルティやカクテル用グッズ、カラフルな食器など、床から天井まで楽しい商品でいっぱい。

The Conran Shop ③ ④

Michelin House, 81 Fulham Road, London, SW3
tel : 020 7789 7401

ご存知テレンス・コンラン卿の確かな目でセレクトされた、家具や雑貨が集まる「ザ・コンランショップ」。このチェルシー店の建物は、もともとミシュラン社だったので、ビルの上にはビバンダムくんのステンドグラスが輝いている。店内にはシーフードがおいしい「ビバンダム」というコンラン・プロデュースのレストランも。

Habitat ⑤ ⑥

208 Kings Road, London, SW3
tel : 020 7351 1211

1964年にコンラン卿がスタートさせたインテリアショップ「ハビタ」は、ライフスタイルを提案することで、インテリアの世界に新しい風を吹き込んだお店。現在のアートディレクターは、トム・ディクソン。キッチングッズをはじめ、シックな暮らしまわりの雑貨を見たら、店内のカフェでひとやすみ。

Heal's ⑦

234 King's Road, London, SW3
tel : 020 7349 8411

モダンなインテリアのための家具や雑貨が集まるデパート「ヒールズ」。特にキッチングッズが充実していて、機能的で便利なアイテムから、インテリアのスパイスになるキュートなものまで、いろいろな出会いがあって楽しい空間。2005年のクリスマスに、有名デザイナーたちとコラボレーションしたチャリティーマグカップも話題に。

Twenty Twenty One ⑧⑨

274 Upper Street, London, N1
tel : 020 7288 1996

若いデザイナーの個性的なショップが並ぶアッパーストリートにある「トウエンティ・トウエンティ・ワン」は、家具や雑貨のセレクトショップ。アアルトやイームズなどの作品のほか、キッチンコーナーで扱う、イギリスのデザイナーユニット「ユニティ・ペグ」がデザインしたグラフィカルなキッチンクロスが人気。

Aria ⑩

295 Upper Street, London, N1
tel : 020 7704 1999

美しいデザインの家具や雑貨が揃うインテリアショップ「アリア」。フィリップ・スタルク、ロン・アラッドなど人気デザイナーによる作品が、世界中から集められている。キッチンコーナーでは、ロンドンのソーホーのマップをプリントしたマグカップや、イギリスで人気の料理研究家、ナイジェラ・ローソンのキッチングッズも揃う。

The Cross ⑪

141 Portland Road, London, W11
tel : 020 7727 6760

おしゃれなロンドンの人たちが集まるノッティング・ヒルでも、個性的なショップが並ぶポートランド・ロードは、ウィンドウ・ディスプレイを眺めて歩くのにおすすめ。この通りのいちばん奥にある「ザ・クロス」は、この本に登場したサムと、友だちのサラによるポエティックなセレクトの洋服や雑貨を扱うお店。

Vessel ⑫⑬

34-35 Sussex Garden's, London, W12
tel : 020 7262 0905

アンジェルとナディアのふたりがオープンした「ヴェッセル」は、その名の通り「お皿」を集めたギャラリー・ショップ。ウェッジウッドやイッタラなど老舗ブランドのものと一緒に、アニッシュ・カプーアやトム・ディクソンなどフレッシュなアーティストの陶器やガラス作品など、毎日の食卓に使える身近なアートが揃う。

Ella Doran ⑭

46 Cheshire Street, London, E2
tel : 020 7613 0782

ロンドンらしい色合いのブルーグレーのファサードを入ると、その中はあざやかな色の洪水。この本にも登場したエラは、花や風景、旅に出かけた日本やアメリカの風景を、グラフィカルな視点で切り取って、プリントしたアイテムを発表している。エラのマグカップやトレイ、コースターなどで、ユーモアをプラスして、楽しいキッチンに。

Thorsten Van Elten ⑮

22 Warren Street, London, W1T
tel : 020 7388 8008

広々としたショーウィンドウに、ファンタジックなディスプレイが広がる「トルステン・ヴァン・エルテン」。この本にも登場したトルステンは、イギリスの若いアーティストと一緒にコレクションを発表している。このお店にはオリジナル商品のほか、彼がセレクトしたものも。ロンドンのフレッシュな才能と出会うことができるお店。

8

9

10

11

12

13

14

15

Book Shop

Books for Cooks ①

4 Blenheim Crescent, London, W11
tel : 020 7221 1992

本の上にお鍋を乗せて、かかげるシェフが描かれた看板がかわいい「ブックス・フォー・クックス」。レシピブックをはじめ、料理をテーマにした本が集まるお店。お気に入りの本を見つけたら、おいしそうなケーキが用意された、小さなカフェコーナーへ。お料理のデモンストレーションもよく行われるので、何時間も過ごせてしまう。

Food Shop

Neal's Yard Dairy ②

17 Shorts Garden, London, WC2
tel : 020 7645 3350

チェダーやランカシャーなど、イギリス生まれのおいしいチーズが集まる「ニールズ・ヤード・デイリー」。店内の大きな棚には、カットされる前の丸い形のまま、さまざまな種類のチーズが積み上げられている。おすすめは世界三大ブルーチーズにあげられるイギリス産のスティルトン。この店に集まる最高級のチーズを試してみて。

Carluccio's ③

305 Upper Street, London, N1
tel : 020 7359 8167

イタリアからやってきたアントニオ・カルッチオがオープンしたイタリアンの食材屋さん「カルッチオズ」。トマトソースにパンチェッタ、ワインやオリーヴオイルなど、クオリティの高いおいしいものが揃う。アントニオさんのレシピブックも人気。店内奥の赤いスペースがカフェになっていて、パスタやラザニアなどが楽しめる。

Rococo ④⑤

321 Kings Road, London, SW3
tel : 020 7352 5857

ドアを開けると甘い香りに包まれる「ロココ」は、テキスタイルデザインを学んだシャンタル・コーディがオープンしたチョコレートショップ。ブルーと白で描かれた、クラシカルなデザインのラッピングペーパーも素敵。ジャスミンやバラ、ペッパーなど意外な取り合わせのオーガニック・チョコレートがロンドンの人たちに人気。

A.Gold ⑥⑦

42 Brushfields Street, London, E1
tel : 020 7242 2487

クラシックなファサードの「エー・ゴールド」は、イギリスの伝統的な食材を扱うお店。広告の仕事をしていたカップルが、イギリスのおいしいものを集めたいという夢を叶えたお店。小さな店には、ポークパイやジンジャーブレッド、ビスケットやレモンカードなど、イギリスのノスタルジックな味が集まっている。

Restaurant & Tea Room

Tea Palace ⑧

175 Westbourne Grove, London, W11
tel : 020 7727 2600

シックなパープルでいろどられた「ティー・パレス」はノッティング・ヒルにあるエレガントなティールーム。紅茶はもちろん、中国茶やハーブティーなど、150種以上ある茶葉の中から、ティーマスターがお客さんのオーダーにぴったりの味を探してくれる。フィンガー・サンドウィッチやスコーンと一緒に、アフタヌーン・ティーを楽しんで。

Bluebird ⑨

350 King's Road, London, SW3
tel : 020 7559 1000

1920年代から残る古いガレージだった建物がレストランに変身。コンラン卿がプロデュースした「ブルーバード」は、シチューやミート・パイ、イギリスの海でとれるシーフードを楽しめるガストロドローム。1階はカジュアルなカフェで、気持ちのよいテラス席が人気。花屋さんやフードマーケットなども併設されている。

St John Bread & Wine ⑩

94-96 Commercial Street, London, E1
tel : 020 7247 8724

この本にも登場したファーガスのお店「セント・ジョン・ブレッド・アンド・ワイン」。オーガニック食材を使った、伝統的なイギリスの料理が楽しめる。丁寧に下ごしらえされた肉料理と、デザートにはバタースコッチ・ソースのかかったブレッド・プディングがおすすめ！ブレックファースト・メニューもあるので、朝ごはんの時間に立ち寄ってみて。

Ottolenghi ⑪ ⑫

287 Upper Street, London, N1
tel : 020 7288 1454

おいしそうなケーキや大きなメレンゲの素敵なウィンドウ・ディスプレイと、通りに出ているパステルカラーのテーブルとイスが目をひく「オットレンギ」は、地中海料理のお店。白をベースにした店内に置かれた、イームズのカラフルなイスがアクセントになっている。サラダやデザートがおすすめ。ケーキやお総菜をテイクアウトもできる。

Thanks to

Pavilion Hotel ⑬ ⑭

34-36 Sussex Gardens, London, W2
tel : 020 7262 0905
www.msi.com.mt/pavilion/

ロンドン中心部にある「パヴィリオン・ホテル」。30室あるお部屋には、それぞれ名前が付いていて、そのテーマに合わせたインテリアになっている。「ホンキー・トンキー・アフロ」はディスコクィーンのために、「カサブランカナイト」はアラジンとその恋人のために……というふうに。ファンキーでグラマラスなデコレーションが、とてもユニーク。

⑧

9

⑩

⑪

⑫

⑬

⑭

toute l'équipe du livre

Jeu de Paume

Photographe : Hisashi Tokuyoshi

Design : Megumi Mori, Kei Yamazaki, Tomoko Osada

Textes : Coco Tashima

Coordination : Pauline Ricard-André, Allison Grant, Helena Amourdedieu, Fumie Shimoji

Éditeur : Coco Tashima

Art direction : Hisashi Tokuyoshi

Contact : info@paumes.com www.paumes.com

Impression : Makoto Printing System

Distribution : Shufunotomosha

We would like to thank all the artists that contributed to this book.

Jeu de Paume　ジュウ・ドゥ・ポゥム

フランスをはじめ海外のアーティストたちの日本での活動をプロデュースする他、アーティストたちの作品を発表する場として、自由が丘と青山に「ギャラリー・ドゥー・ディマンシュ」を運営している。また著者としても、自分たちの出会ったアーティストたちのクリエイティビティを紹介するクリエーションシリーズやガイドシリーズなどを刊行。近著に『パリジャンたちのおいしいパリガイド』『パリのかわいいおみやげ ガイド』など。詳しくはwww.paumes.com、www.2dimanche.comまで。

London Kitchens

ロンドンのキッチン

2006年　9月30日　初版第　1刷発行

著者：ジュウ・ドゥ・ポゥム

発行人：徳吉 久、下地 文恵
発行所：有限会社ジュウ・ドゥ・ポゥム
〒150-0001 東京都渋谷区神宮前3-5-6
編集部 TEL / 03-5413-5541
www.paumes.com

発売元：株式会社 主婦の友社
〒101-8911 東京都千代田区神田駿河台2-9
販売部 TEL / 03-5280-7551

印刷製本：マコト印刷株式会社

Photos © Hisashi Tokuyoshi

ISBN4-07-253787-X

＊乱丁本、落丁本はおとりかえします。お買い求めの書店か、主婦の友社販売部書籍ムック課 03-5280-7551 にご連絡下さい。
＊記事内容に関する場合はジュウ・ドゥ・ポゥム 03-5413-5541 まで。
＊主婦の友社発売の書籍・ムックのご注文はお近くの書店か、コールセンター049-259-1236 まで。主婦の友社ホームページ http://www.shufunotomo.co.jp/ からもお申込できます。